AF338764

AUX CITOYENS

DE LA FRANCE.

Par Arthur L....

Il ne suffit pas d'avoir triomphé, il faut savoir
profiter du triomphe.

Paris,

CHEZ TOUS LES MARCHANDS DE NOUVEAUTÉS.

2 AOUT 1830.

IMPRIMERIE DE CARPENTIER-MÉRICOURT,
RUE TRAÎNÉE, N° 15, PRÈS SAINT-EUSTACHE.

AUX CITOYENS

DE LA FRANCE.

CITOYENS !

La France vient de remporter la plus grande des victoires dont son orgueil puisse s'honorer : celle qui élève enfin et d'une manière inébranlable la liberté sur le despotisme abattu. GLOIRE A LA FRANCE!...

Mais, dans l'ivresse de la joie que doit donner à nos cœurs un si éclatant succès, ô Concitoyens, gardez-vous de le croire aussi complet qu'il doit l'être ; il ne le sera vraiment que lorsque vous aurez su en tirer le meilleur parti possible : *Il ne suffit pas d'avoir triomphé, il faut savoir surtout profiter du triomphe!!*... Pour atteindre ce but, consultez long-temps la raison, la prudence et votre puissance qui vient de se montrer dans tout son jour. La lutte de la force matérielle contre la force matérielle vient de cesser ; une autre bien plus importante doit lui succéder : celle de la force intellectuelle contre la force intellectuelle. Et c'est de cette dernière, qui, sans contredit, est la plus en harmonie avec notre siècle, et qui se lie si étroitement à la liberté de la presse qui ouvre au choc des opinions l'arène la plus vaste, que doivent surgir les plus grands résultats des événemens qui viennent de remuer, et qui sont destinés à renouveler la France... et peut-être le monde entier !... Toute révolution a deux époques distinctes : celle où elle détruit, et celle où elle édifie sur ce qu'elle a renversé. C'est dans la dernière de ces deux époques que nous entrons. Sachez vous y conduire comme vous l'avez fait dans la première. Ce sera continuer glorieusement le rôle admirable que vous y avez si bien joué. C'est alors, Citoyens, alors seulement que vous pourrez vraiment vous flatter d'avoir accompli la grande mission que la France était destinée à remplir en faveur de l'humanité ! Ne nous hâtons donc pas trop d'élever sur le monument qui vient de crouler un nouveau monument. Ce dernier pourrait se ressentir de la précipitation avec laquelle il aurait été construit. C'est ce qu'il faut craindre par dessus tout : le sort d'une grande nation, l'intérêt de l'humanité entière y sont attachés. Méditons-en donc bien le plan avant de commencer à le bâtir : demandons-nous bien quelle forme sera aujourd'hui la plus convenable au nouveau temple que la France va élever à la liberté. Ah! quel édifice jamais mérita mieux que celui-là de voir ouvrir pour sa construction un grand concours entre tous les architectes? Eh bien, Français, ce grand concours vient, par le fait, d'être ouvert par cette victoire illustre que vous venez de remporter. J'ose me mettre du nombre de ces concurrens : je suis jeune, je suis inconnu, mais je possède un cœur que ni l'âge ni la renommée ne rendront meilleur, ni plus rempli d'amour pour l'humanité. Il suffit; avec de pareils sentimens quiconque peut hardiment s'élancer dans cette lice nouvelle.

Sur les débris du monument usé qui vient de tomber dans les flots d'un sang généreux qui fume encore, quel gouvernement neuf la France va-t-elle se créer? Voilà la grande question qui agite aujourd'hui tous les esprits. Deux sortes de gouvernemens les partagent, et ce sont les deux seuls qui puissent être établis après celui dont la chute retentit encore : le gouvernement monarchique constitutionnel ou une démocratie. Tout le monde est assez porté à préférer ce dernier, qu'un grand nombre regarde comme celui vers lequel tendent toutes les nations; mais un grand nombre aussi, doutant que le peuple français trouve dans une démocratie proprement dite, tant dans son intérieur qu'à son extérieur, les garanties nécessaires pour son bien-être, se résigne, pour plus de prudence, à adopter

le gouvernement monarchique constitutionnel?
Ceux-là y ont-ils bien réfléchi? Un gouvernement
monarchique constitutionnel plus parfait, plus large
que celui dont nous sortons, bien plus que celui-
ci, satisferait aux besoins de la nation, mais les
satisferait-il totalement? Celui-là même que l'on
établirait en ce jour aurait pu, aurait dû être établi
il y a dix ans, il y a quinze ans, à l'époque même
de la rentrée de Louis XVIII. La preuve, c'est
qu'un grand nombre de lois qui en étaient comme
le complément nécessaire ont dès le principe été
demandées à grands cris par la voix publique, toujours promises et jamais obtenues pendant les
quinze langoureuses années dans lesquelles la
France a végété sous les Bourbons. Quoi donc!
aujourd'hui la France se trouverait n'avoir besoin
que de ce dont elle avait besoin il y a quinze ans?...
Mais quiconque croit aux progrès de la raison humaine serait en contradiction avec lui-même, s'il
pouvait admettre une pareille hypothèse. Ah! sans
doute, la France, depuis quinze ans, malgré les
entraves que l'on a mises à ses progrès, a su marcher, et en avançant dans la route de la civilisation,
a dû éprouver des besoins nouveaux.

Aujourd'hui elle réclame une forme de gouvernement placée à quelques degrés plus haut dans
l'échelle des progrès humains; et ce gouvernement
est et ne peut être qu'un gouvernement où la sou-
veraineté réside dans cette masse collective d'hom-

mes appelé *peuple*, c'est-à-dire un gouvernement plébéien. Qu'on ne répète pas ici ce vieil argument si rabattu, si banal, que la France est trop grande pour être constituée en état démocratique. Il y a quarante ans que ce langage était de saison. Alors, il est trop vrai, l'expérience avait malheureusement prouvé l'impossibilité d'établir en France une république ; mais cette impossibilité résultait des circonstances d'alors. Et ceux qui jugent par analogie ne doivent pas oublier que les circonstances sont aujourd'hui bien différentes. Ce n'est pas le plus ou le moins d'étendue de la France qui a rendu une république impraticable. Il faut en chercher ailleurs la cause. Montesquieu a dit que le principe vital d'une république est la vertu patriotique ; et cette vertu, chacun sait aujourd'hui la définir. Eh bien ! alors la France pouvait-elle satisfaire à cette condition fondamentale ? Quels étaient ceux qui se paraient du grand nom de républicains ? des hommes chez qui la voix de l'humanité n'avait pas encore su assez se faire entendre, chez qui existait peu de sympathie et trop d'égoïsme ; et c'était justement tout le contraire qu'il fallait, d'après l'opinion du grand homme que je viens de citer. La nation française venait de briser le joug du despotisme, elle ne pouvait faire de la liberté un usage assez modéré : car si elle savait l'aimer et mourir pour elle, cela ne suffisait pas ; il fallait bien plus : il fallait qu'elle la connût, et la France et la liberté si bien faites l'une pour l'autre étaient encore étrangères. ... Aussi la France, dans sa première effervescence, la confondit-elle et dût-elle nécessairement la confondre avec la licence qui emprunte tous ses traits, et effectuer par là cette vieille maxime tant connue, que *les extrêmes se touchent*.

Il fallait donc que la France, pour s'accoutumer à vivre sous l'empire de la liberté, vécût en attendant mieux sous le gouvernement transitoire qu'elle vient de quitter, parce qu'elle s'y trouvait trop à l'étroit, et qu'il lui en fallait un où elle pût marcher plus largement. Et quel sera cet autre, si ce n'est un gouvernement démocratique, une république enfin, mais telle que la veut une grande nation au 19ᵉ siècle, et non une imitation mesquine des républiques de Sparte, d'Athènes et de Rome. Pour un peuple neuf, ou qui s'est renouvellé, il faut un gouvernement neuf. Douter de la possibilité d'un gouvernement démocratique en France à l'époque nous sommes, c'est presque douter de l'évidence.

Malgré l'attitude calme, majestueuse et imposante qu'a su conserver la France pendant ces dernières années où elle sentait ses libertés menacées, malgré la parfaite connaissance qu'elle avait de sa force, et la certitude où elle était d'obtenir la victoire si elle voulait aller attaquer ceux par qui elle voyait ses institutions menacées, malgré cette longue contrainte qu'elle a su s'imposer pour ne pas la première entrer dans le champ de bataille, par pur respect pour

la légalité, malgré tout cela, peut-être, il y a quelques jours, était-il permis encore de concevoir un
doute sur la possibilité du gouvernement plébéïen
en France; mais depuis lors, que tout est changé!
Les grands événemens qui viennent de se passer
ont dû faire ouvrir les yeux sur le véritable degré
de civilisation où la France était montée! Oh!
qu'elle s'est montrée grande et belle aux regards du
monde entier!... Eh quoi! la vue de ce peuple qui
par un mouvement volontaire et spontané se lève
en masse pour la défense de ses droits et de ses
libertés compromis, qui, sans armes d'abord,
court affronter une mort presque certaine pour
arracher à ses ennemis celles dont ils se servent
contre lui, qui, par la seule puissance d'une vo-
lonté ferme, d'un courage sans exemple, a su bientôt les leur conquérir, et balayer avec leur secours
en moins de quelques heures, ces lâches adversaires
en qui il eût mieux aimé ne trouver que des frères!,
et qui bientôt à la face de ses tyrans et de leurs
suppôts qui furent ses concitoyens, et qui devraient
être dans ses rangs où il les appelle encore, arbo-
re le drapeau triomphal de sa vieille gloire
qu'il rajeunit; quoi! cet accord si parfait, cette
fraternité si touchante, cet ordre si sublime, si
surnaturel, dirai-je si au-dessus de ce qu'on était
en droit d'attendre, qui éclate comme par enchan-
tement au milieu du grand désordre produit par
les mains criminelles qui ébranlent ses institutions

et qui ne forme bientôt plus de ce peuple entier qu’un grand peuple de héros et de frères, si unanimes dans leurs vœux et dans leurs efforts; que tant de millions d’hommes semblent n’avoir plus qu’un seul cœur, qu’une seule voix, qu’un seul courage, et donnent l’image la plus parfaite de cet être moral et collectif appelé *peuple*; quoi! tous ces faits ne parlent-ils pas assez haut, pour dire aux yeux, aux oreilles, à tous les sens, et surtout à l’âme qu’il y a aujourd’hui dans ce peuple français tout ce qu’il lui faut pour vivre sous le gouvernement le plus libéral, le plus grand, le plus large qui soit sur la terre; que ce peuple est vraiment mûr pour la vraie liberté; que tout ce qui sera légal sera toujours l’objet de sa vénération!

Si dans une occasion où plus que jamais il pouvait s’égarer dans les excès de la licence ou le frein des lois brisé, il n’avait plus d’autre règle de conduite que la raison et sa conscience, il a su courber sa tête libre au joug de cette loi suprême, et surtout conserver les sentimens les plus touchans de l’humanité, même contre ses bourreaux, alors que son sang ruisselait partout sous leurs coups; après cela, qui peut encore oser douter que les Français ne sachent pas se conduire en grands citoyens sous un gouvernement où les limites de la liberté seraient reculées aussi loin qu’elles peuvent l’être sans exposer sa confusion avec la licence, dans un gouvernement où son orgueil national avant tout serait flatté ? O vous qui admirez tant ce peuple sublime, vous qui exaltez tant les héroïques actions qui l'ont couvert de gloire dans les immortelles journées qui viennent de se passer, ne savez-vous pas que vous sembleriez ne pas bien comprendre ce peuple, et même lui faire un outrage en concevant des doutes sur la possibilité d'un gouvernement plébéien établi dans son sein. Mais je me trompe... Vous avez mal compris ou plutôt mal exprimé notre pensée!...

Vous voudriez une monarchie représentative, où le roi ne recevrait la couronne qu'à des conditions imposées par le peuple et dans les intérêts du peuple avant tout. Eh bien! qu'est-ce par le fait qu'un tel gouvernement, si ce n'est pas une république déguisée sous le nom de monarchie? Un roi créé par le peuple, qui ne serait roi qu'à des conditions imposées par le peuple, que serait-il par le fait vis-à-vis de ce peuple? que conserverait-il de la royauté connue jusqu'ici, si ce n'est que le nom seulement? Ne serait-ce point réellement le peuple qui serait le véritable souverain, et un tel roi ne serait-il pas pour ainsi dire le premier administrateur de ce peuple? Convenons-en donc : un tel système de gouvernement ne serait réellement qu'une démocratie appauvrie d'un nom trop vieux et trop peu fait pour la désigner. Pourquoi ne pas nommer les choses par leur nom?

Mais quoi, me dira-t-on, pourquoi tant tenir à

un nom quand on a l'objet? Le nom est chose bien accessoire : vaut-il la peine de tant se disputer sur un point si peu important?... Si peu important!... Non, tout au contraire; moi je déclare que c'est aujourd'hui le plus important de tous, et que ce sera le plus grand résultat du succès que vient d'obtenir la France que la conquête d'un nom qui désigne bien le gouvernement qui représente le plus son esprit actuel. C'est le peuple qui a vaincu; que tous les résultats soient populaires. Et quoi de plus propre à porter l'empreinte du sceau d'un grand peuple qu'un nom démocratique appliqué à un gouvernement qui est son ouvrage? Nous ne sommes plus au temps où, fatigué de guerres intestines et extérieures et avide de tranquillité, le peuple français croyait que le plus sûr moyen d'en obtenir était de l'acheter par des concessions à un pouvoir qu'il avait vaincu, et qui prétendait encore le gouverner; nous ne sommes plus à ce temps. C'est aujourd'hui celui où son chef avant tout doit lui en faire, parce que c'est le jour où il a forcé ceux qui le gouverneront à l'avenir à reconnaître qu'il était immensément plus fort, et que nul ne peut exister au rang suprême dorénavant que par lui et pour lui. Le peuple verra la plus grande marque de cette de cette confession du pouvoir futur dans le titre que ce pouvoir prendra. Le nouveau chef futur des Français ne saurait leur donner une plus haute marque de déférence pour l'opinion populaire, qui aujourd'hui est la première de toutes les puissances, que dans son empressement à prendre un titre plébéien. Le rang seul est tout; le nom et quelques vaines prérogatives ne sont rien maintenant, et ne peuvent servir qu'à éblouir le souverain, et mettre entre lui et la nation le voile d'une illusion dangereuse pour tous deux, et dont le prestige serait essentiellement défavorable à ce peuple qui voudra désormais qu'on le compte pour ce qu'il est et pour ce qu'il a su se montrer.

A une époque de liberté et d'égalité, il faut autant que possible faire disparaître les apparences trop choquantes d'inégalités dans les conditions... Tous les hommes doivent le plus que possible se rapprocher ; c'est le besoin de s'unir qui forma la société humaine ; c'est l'union qui fait sa force, c'est sa force qui la fait marcher. Ah! tel peuple ne murmurerait pas tant contre tel roi, si ce roi n'affichait pas aux yeux de ce peuple un luxe si orgueilleux, un éclat si pompeux, lors qu'autour de lui des millions d'hommes, expient le malheureux tort d'être nés dans des rangs obscurs, en croupissant dans la misère et en mourant presque de faim, et en n'offrant de leur existence que l'image d'une longue et douloureuse agonie!!! Aujourd'hui celui qui tiendra le gouvernail de la France ne pourra exister qu'à condition d'être le premier citoyen de l'état, d'aimer avant tout le peuple, et de ne pas l'exploiter comme le font ordinairement ceux qui règnent sur les peuples, au profit de leur intérêt, de leur vanité personnels. Les peuples ont assez long-temps vécu pour leurs souverains, il est temps que les souverains commencent à vivre pour les peuples. Les lois de la fraternité chez les hommes ont pris et prennent tous les jours pour le bonheur de l'humanité de profondes racines; et où il commence à exister un peuple de frères, il ne faut plus pour souverain qu'un père qui préside à son bonheur. Et ce nom de roi rappelle de si tristes souvenirs, tandis qu'il est d'autres titres désignant des chefs de nations qui en réveillent de si beaux, de si sublimes!...

O vous qui allez être appelé à l'honneur insigne de gouverner la France, pouvez-vous hésiter à renoncer à ce titre de roi, pour vous parer d'un autre titre qui, flattant l'orgueil du peuple, vous acquerra sans doute de nouveaux droits à son amour et à sa reconnaissance? Qu'aura d'ailleurs à souffrir votre vanité de prendre un nom qui plaise au peuple? vous n'êtes pas dans le cas de celui qui se verrait échanger le nom de roi qu'il portait déjà, pour celui de dictateur, de président ou de souverain. Vous monterez au rang suprême. Que vous importe le titre dont on vous y désignera? Le titre encore une fois n'est rien, surtout dans ce siècle. Voyez les nobles d'aujourd'hui! Sont-ils plus honorés qu'un simple bourgeois parce qu'ils sont revêtus de leurs titres superbes de comtes ou de marquis?

L'homme seul est considéré, quelque soit son rang, sa condition, s'il est honnête et vertueux. Que dis-je? On admire, on applaudit ceux qui abdiquent leurs vains titres pour ne se parer que de l'éclat de leur mérite, de leurs vertus et de leurs talens.

Vous qui allez occuper la première place de la France, vous n'y serez appelé que parce que la France vous en aura jugé digne, eh bien! que vous importera votre titre : ah! vous feriez craindre à la France qu'elle ne se fût trompé dans son choix si vous aviez l'air de tenir à un titre, et de montrer par là le peu de confiance que vous avéz dans votre mérite. Mais non, celui que l'on désigne déjà, qui est accueilli partout avec enthousiasme à son passage est connu et apprécié : son éloge est dans le cœur de tous les Français où il est mieux écrit que je ne ferais ici. Le nom de Louis-Philippe d'Orléans dit lui seul tout ce que l'on pourrait dire de plus favorable pour celui qu'il désigne.

Que l'on ne vienne pas nous dire qu'un gouvernement démocratique compromettrait les relations pacifiques de la France avec les autres états de l'Europe. Qu'a la France à craindre de toute l'Europe ensemble? Les évènemens des 27, 28 et 29 juillet 1830, répondent assez haut sur ce point!!...

On me dira peut-être encore que ce peuple ne demande pas un gouvernement démocratique parce que généralement il crie : Vive la Charte!... Oui; mais vive la Charte est un cri plus légal aujourd'hui et c'est là une nouvelle preuve de son respect religieux pour tout ce qui est légal ; et cette preuve vient à l'appui de tout ce que j'ai dit précédemment à ce sujet. Dans son cœur est-ce vive la monarchie constitutionnelle qu'il entend en criant vive la Charte? Non sans doute, c'est vive la liberté : et plus il obtiendra de liberté plus il sera content, et plus ceux qui seront garans de sa liberté seront populaires par le fait comme par le nom, et plus ils seront agréables au peuple.

D'ailleurs, les citoyens n'ont-ils pas d'un vœu unanime appelé à leur tête contre leurs ennemis le grand homme que les deux mondes vénèrent et admirent; n'en doutons pas : une nation appelle toujours à de tels honneurs ceux qui représentent le plus son esprit, et le général Lafayette disait dernièrement avec autant de raison que de laconisme pour toute profession de foi : Mes sentimens sont connus, on peut ajouter du monde entier !... Que les citoyens se le rappellent ; que les mandataires du peuple qui lui éliront un chef ne l'oublient pas : que ce chef surtout s'en souvienne !!

Vive la vraie liberté !! Vive le peuple !!

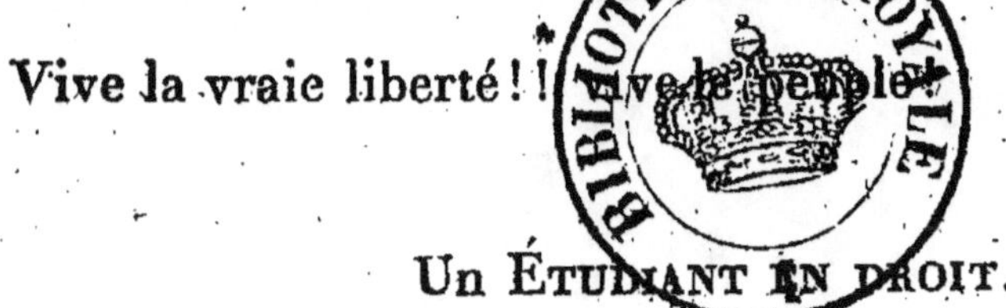

Un Étudiant en droit.